Веерные матрицы
как инструмент
построения онтологий

S. Kordonsky

Fractal matrix tables as a tool for onthologies creation

South Eastern Publishers
2011

С. Кордонский

Веерные матрицы как инструмент построения онтологий

Издательство Юго-Восток
2011

УДК 004.82
ББК в6
К662

Кордонский, Симон

К662   Веерные матрицы как инструмент построения онтологий / Симон
Кордонский – Вашингтон, Издательство Юго-Восток, 2011. – Серия
«Гитика Сайенс»– 66 с., 22 табл., 1 илл. – ISBN 978-1-936531-00-4.

В работе рассматривается применение веерных матриц для формализации онтологий, необходимых для организации концептуального поиска. Показаны соотношения философских, лингвистических и информационных онтологий и их логик. Продемонстрировано, что операциональные
решения проблем существования в рамках поисковых процедур возможны
при рассмотрении специализированных наблюдателей (исследователей)
как элементов картин мира. Применение формализма веерных матриц для
формализации онтологий дало возможность определять условия взаимодо-
полнительности различных предметных картин мира и, сообразно с этим,
выстраивать варианты поисковых стратегий.

South Eastern Publishers,
Division of South Eastern Projects Management Company Limited
Washington D.C. • London • Moscow • Hong Kong • New Delhi
PO Box 96503 #36982
Washington, DC 20090-6503 USA

For more information e-mail info@sepublishers.com
or visit our website www.SEPublishers.com

Book design by B.B.Opastny

Printed in United States of America
First Edition: January 2011
ISBN 978-1-936531-00-4 (Russian Language Edition)

В. Б. и Г.С.,

*из ответов на занудные вопросы которых
возник этот текст.*

Содержание

Введение

Люди различаются тем, «что» они признают существующим «объективно» или «на самом деле», какой бы смысл ими ни вкладывался в эти понятия. Различия в представлениях о существованиях (то есть между «реальностями» и «всамделишным») столь велики, что по большей части даже не рефлектируются.

Эти различия должны изучаться наукой онтологией, ситуация с которой напоминает известный анекдот: слово есть, а предмета, с этим словом соотнесенного, нет. Онтологиями называют и заумные построения Н.Гартмана – М.Хайдеггера [Гартман], [Хайдеггер], и прихотливую вязь текстов по структурной лингвистике [Соссюр], и прямолинейные конструкции информационщиков [Верников], пытающихся компенсировать отсутствие знаний о картинах мира длинными списками всякой всячины. Приходится считать онтологиями то, чем занимаются предметники, хотя чем они занимаются не очень понятно и им самим, свидетельством чего являются разного рода философии наук.

Онтология оформилась как философская дисциплина на закате немецкой классической философии. Она же стала предметом особой заботы программистов и лингвистов несколько десятилетий назад. Лингвистическая и информационная онтологии имеют много общего с философскими онтологиями, в особенности запутанную проблематику[1], произвольную ме-

---

1 Доминирующая идея линго-статистического конструирования универсальных онтологий методологически ущербна. Каждая форма человеческой активности уже основывается на каких-то своих, специфичных для нее представлениях о существовании. Онтологий столько же, сколько существует видов бытовой и профессиональной человеческой деятельности, и с появлением новых форм деятельности формируются новые онтологии. Предметные сущности существуют не сами по себе, безотносительно к социальному разделению занятий, а только внутри обыденных и предметных картин мира. Поэтому строить (реконструировать) такие онтологии можно лишь основываясь на специальных (предметных) представлениях и на внутренней логике этих представлений. Разные предметные онтоло-

тодологию и отсутствие четко обозначенной области применения. При этом невнятность философских онтологий контрастирует с механической упорядоченностью списков сущего в информационных онтологиях. Лингвистические онтологии опосредуют отношения между философскими и информационным онтологиями, причем с философиями они смежны по невнятности [Витгенштейн], а с информационными – по прямолинейности [Мельчук].

Сегодня онтологии представляют собой учения, потенциальная полезность которых связана, в частности, с задачами содержательного анализа данных. Без упорядоченных представлений о существовании не могут быть решены задачи поиска информации и классификации результатов поиска. В приложениях, ориентированных на конечного пользователя, появляется еще одно существенное требование – результат работы должен формулироваться в терминах понятных пользователю. Здесь проблема автоматического анализа текстов сочетается с необходимостью согласования используемых систем онтологий.

«Понимание» произвольного текста системой и выдача результатов в форме понятной любому пользователю – в общем виде задача заведомо неразрешимая. В частных приложениях выходом из этой ситуации может быть создание карты онтологий, в координатах которой система размещает результаты работы и на которой пользователь мог бы указать, какая из предложенных картин мира его интересует.

При обозримом количестве онтологий результатом может быть простой перечень вариантов, но если речь идет о произвольных текстах, потенциально отражающих множество картин мира, то потребуются специальные усилия для обустройства пространства, включающего сотни тысяч понятий. Пространство должно быть представлено так, чтобы пользователь мог в нем ориентироваться[2].

гии не альтернативны, взаимодополнительны, и ни одна из них не может претендовать на универсальность. Предметное пересечение онтологий представлено в языке в виде множества значений одних и тех же слов, имеющих, в зависимости от контекста, разные смыслы. Синонимия (и другие языковые феномены) в какой-то степени отражают взаимопересечение предметных картин мира, наличие в них общих слов, терминологическое значение которых определяется контекстом.

2 Легко представить бесполезную систему, которая по каким-то критериям кластеризует текст и в терминах номеров полученных кластеров рапортует клиенту о проделанной работе.

То есть, проблема автоматического «понимания» текстов, подготовленных с использованием разных онтологий, не может быть решена без определения, какие онтологии используются в каждом конкретном тексте [Kilgarriff]. Получается, что структурированное представление набора онтологий необходимо как для задач обработки, так и для понимания результатов работы пользователем.

В работе сделана попытка раскрыть логику формирования и способы применения формализма, называемого веерными матрицами[3], для решения задач построения пространства онтологий и представить прозрачную процедуру навигации по этому пространству способом, единым для анализа текстов и представления результатов пользователю.

---

3   http://ru.wikipedia.org/wiki/Веерная_матрица

Веерные матрицы как формализм для представления онтологий

Специалисты по информации считают, что предметные онтологии даны де-факто: «Иерархия онтологий предметных областей содержит онтологии разделов и подразделов некоторой предметной области.<...> Каждой подобласти (на каждом уровне) соответствует ее онтология. В результате получаются иерархии онтологий для предметных областей <...> Онтология предметной области рассматривается как пара – сигнатура из множества ключевых понятий предметной области и множество аналитических предложений, истинных в данной предметной области. Это множество аналитических предложений определяет смысл (значение) ключевых понятий предметной области» [Пальчунов].

Однако этот тезис – основа всех без исключения построений такого рода – далеко не очевиден и скорее является предметом веры, чем результатом исследования. Неотрефлектированность предметных онтологий проявляется прежде всего в том, что классификации наук (и их предметов) весьма далеки от завершения. Построение предметной онтологии, то есть формирование картины мира области знания, все-таки особая деятельность, скорее философская, чем предметная, примером чему могут служить попытки корифеев физики сформулировать картину ее мира [Эйнштейн], [Борн]. Аналоги такой деятельности есть, вероятно, во всех областях знания, однако в физике стремление к формированию ее онтологии было наиболее рельефным, хотя и не закончилось еще каким-либо формализованным результатом.

Информационщики вынуждены основываться в своих построениях на ситуативных различениях, относящихся больше к социальному разделению занятий и его атрибутам, нежели к сущностным картинам мира. Неупорядоченность предметных миров информационщики пытаются компенсировать структурированными списками тех феноменов, которые они априори относят к предметным областям знания, и изощренными способами их классификации. Тем самым картины мира замещаются перечнями и индексами и, более того, именно такие перечни считаются предметными онтологиями.

Итак, в науках об информации под онтологиями понимаются классификации результатов деятельности, отчужденные от нее и представленные, в основном, списками феноменов, их признаков и статистических отношений между ними, которым присваиваются некие имена. Предполагается, что сочетание лингвистически выверенных «длинных списков» классифицируемых объектов с растущими вычислительными мощностями и совершенствующимися поисковыми алгоритмами, в конечном счете, позволит получить искомый результат – универсальную онтологию.

Однако, ощущаемых результатов такой подход не дает и, вероятно, дать не может. Списки феноменов не могут замещать предметные онтологии. Картины мира не есть статистический или лингвистический феномен, скорее это некие инварианты (термин М. Борна), доминирующие и над умами, и над руками предметников, направляющие их и обуславливающие их предметные усилия. Для построения онтологий необходим инструмент для выделения инвариантов, то есть формализм, позволяющий вычленять их базовые элементы и фиксировать следствия из существований этих элементов, которые – в свою очередь – могут являться элементами иных онтологий.

Исходная посылка работы состоит в том, что перечисленные выше онтологии (философская, структурно-лингвистическая и информационная) взаимодополнительны и, более того, связаны между собой достаточно простыми отношениями, которые могут быть представлены таблицей 1, на строки которой вынесены наименования онтологий, на столбцы – имена одноименных уровням специалистов-предметников. Диагональным элементам таблицы соответствуют отношения между уровнями и одноименными специалистами, которые интерпретируются как области соответствующего специального знания. Тело таблицы образовано отношениями между специалистами и не одноименными им онтологиями. Строки и столбцы таблицы пронумерованы так, что каждому их элементу соответствует уникальное сочетание номеров – индексы.

Таблица 1. Отношения между философскими, лингвистическими и информационными онтологиями

Специалисты / Уровни онтологий	Философы-онтологи 1	Структурные лингвисты 2	Специалисты по информационным онтологиям 3
Философские онтологии 1	**Философские и бытовые онтологии**	Лингвистические картины мира, философии языка	Упорядоченные списки сущностей, предназначенные для организации поиска. Система онтологий
Лингвистические онтологии 2	Языки философских и бытовых картин мира	**Лингвистические онтологии (семантические пространства)**	Языки описания информационных онтологий
Информационные онтологии 3	Формализмы, предназначенные для описания философских и бытовых онтологий (веерные матрицы)	Поисковые алгоритмы, основанные на лингвистических онтологиях	**Информационные онтологии (тезаурусы, формализованные списки сущего)**

Ниже дано поэлементное описание таблицы, включающее в себя указание на источник, в котором описываются свойства элемента. Мы ограничиваемся указанием на один источник, так как их количество часто необозримо. С другой стороны, отношения 1-3 и 3-1 описаны только в наших собственных работах, которые представлены в общем списке литературы.

• Отношение 1-1: Философские и бытовые онтологии [Гартман].

• Отношение 1-2: Лингвистические (языковые) картины мира [Гумбольдт].

• Отношение 1-3: Упорядоченные списки сущностей, экстрагированных из обыденных и философских картин мира, используемые при организации поиска.

• Отношение 2-1: Философские и бытовые термины (лингвистические феномены), включенные в онтологические конструкции [Уорф].

• Отношение 2-2: Семантические пространства [Мельчук].

• Отношение 2-3: Языки описания онтологий, такие OWL [Добров и др].

• *Отношение 3-1:* Алгоритмы, построенные на принципах, учитывающих философские и бытовые онтологии и позволяющие искать в произвольных текстах.

• *Отношение 3-2:* Алгоритмы поиска, основанные на лингвистических принципах[4].

• *Отношение 3-3:* Тезаурусы, используемые в информатике при организации поиска [Список лексики].

Работа сосредоточена в основном на экспликации отношений 3-1 и 1-3. Мы не нашли работ, в которых бы ранее описывались эти отношения. В то же время, феномены, упорядоченные строкой «философский уровень» и столбцом «философы» вероятно составляют предмет герменевтики, о необходимости разработки которой говорил еще Гадамер [Гадамер].

Для того, чтобы решать задачи поиска в произвольных текстах (отношение 3-1), необходима достаточно полная система онтологий (отношение 1-3). Настолько полная, что масштабы необходимых работ по ее описанию в некоторых статьях указывались как обоснование невозможности решения этой задачи [Bar-Hillel].

В настоящей работе предпринята попытка сформулировать отличающиеся от общепринятых методологические принципы формирования онтологий [Кордонский, Бардин]. Для этого был использован формализм веерных матриц[5]. Примером такой матрицы и является таблица 1.

Спецификой этого инструмента является то, что в них специалисты (как идеальные типы) сопряжены с теми феноменами, которые существуют в соответствующих предметных областях. Специалисты структурно включены в формализм, объединяющий элементы онтологий в целое предметной картины мира. Это означает, что каждой специализации (форме деятельности) соответствует своя онтология, содержащая, тем не менее, элементы других специальных представлений о существовании.

Для иллюстрации рассмотрим как работает логика веерности применительно к реальности, представленной на таблице 1.

Для этого предположим, что элементы таблицы, расположенные симметрично относительно ее диагонали, могут быть объединены в новый для

---

4   http://ru.wikipedia.org/wiki/Грамматический_разбор

5   Эти матрицы были предложены автором для описания структуры научной картины мира, а также использованы для анализа административной, социальной и территориальной структур СССР и России и для введения в систему поиска информации «Гитика» представлений о различных философских картинах мира.

этих онтологий уровень организации, интегрирующий, например, философские и лингвистические элементы 1-3 и 3-1. Такое попарное объединение элементов позволяет ввести некую иерархию уровней организации, производную от той, которая представлена таблицей 1:

- лингвистическо-философский;

- информационно-философский;

- информационно-лингвистический.

Если предположить, что каждому из названных уровней организации соответствует специалист, то можно построить веерную матрицу (таблица 2), в которой упорядочены отношения между производными от элементов таблицы 1 уровнями организации и соответствующими специалистами.

Таблица 2. Производная от таблицы 1 (автоподобная) веерная матрица, конкретизирующая отношения между философскими, лингвистическими и информационными онтологиями

Специалисты / Уровни организации	Философствующие лингвисты (специалисты по языкам философских картин мира и лингвистическим картинам мира) 2-1, 1-2	Философствующие информационщики (специалисты по веерным матрицам и упорядоченным спискам) 3-1, 1-3	Лингвисты-информационщики (специалисты по поисковым алгоритмам и языкам описания информационных онтологий) 3-2, 2-3
Лингвистически-философский (языки философских и бытовых картин мира + лингвистические картины мира 2-1, 1-2	**Философия языка и картин мира**	Описание картин мира в терминах веерных матриц	*Не представлены в наличном знании*
Информационно-философский (Веерные матрицы + упорядоченные списки) 3-1, 1-3	Веерные матрицы картин мира, содержащие упорядоченные списки признаков	**Теория веерных матриц**	Веерные матрицы применительно к классификационным процедурам
Информационно-лингвистический (поисковые алгоритмы + языки описания информационных онтологий) 3-2, 2-3	*Не представлены в наличном знании*	Языки описания веерных матриц как элементов поисковых алгоритмов	**Информационная лингвистика**

В таблице 2 на диагонали представлены имена областей знания, введенных как отношения между уровнями организации и одноименными специалистами. Тело таблицы образуют отношения между разноименными уровнями организации и специалистами, совокупность которых составляет предмет нашего исследования. На строки и столбцы таблицы вынесены индексы, соотносящие ее элементы с содержанием таблицы 1.

Рассмотрим содержание таблицы поэлементно. Элемент (3-1, 1-3\2-1, 1-2) определен как «веерные матрицы картин мира, содержащие упорядоченные списки признаков». Такие матрицы будут представлены в дальнейшем изложении.

Симметричный относительно диагонали элемент (2-1, 1-2\3-1, 1-3) определен как «языки описания картин мира в терминах веерных матриц». Данному элементу посвящена названная выше работа [Кордонский, Бардин].

Элемент (3-2, 2-3\2-1, 1-2), как и элемент (2-1, 1-2\3-2, 2-3) не описан в наличном знании. Во всяком случае, в доступной литературе таких описаний не обнаружено.

Элемент (3-2, 2-3\3-1, 1-3) определен как «языки описания веерных матриц как поисковых алгоритмов». Собственно, данная статья и является попыткой сформировать такой язык.

Элемент (3-1, 1-3\3-2, 2-3) определен как «Веерные матрицы применительно к классификационным процедурам». Этот элемент разрабатывается в рамках работы по поисковой системе «Гитика».

Логика конструирования веерных матриц

Веерные матрицы обладают свойством автоподобия: любой их фрагмент, выделенный по особым – эксплицитным – правилам, сохраняет свойства исходной матрицы, давая тем самым возможность прослеживать генезис их элементов. Исходные онтологические предпосылки разворачиваются в ходе построения веерных матриц в последовательности производных существований, что создает формальные возможности для сравнения онтологий, их субординации и координации.

Для построения веерных матриц вводятся понятия уровней организации – строк таблиц (в каких-то случаях иерархированных, в каких-то – не иерархированных), и специалистов, одноименных уровням организации. Каждому уровню соответствует специалист-исследователь. Отношения между специалистами и уровнями организации (структуры), идентифицированные с объектами или их признаками, составляют наполнение матриц. Люди-специалисты в логике веерных матриц являются их структурными компонентами, такими же как уровни организации.

Уровень организации (или структуры) определяется как совокупность свойств некоей реальности, имеющих одну природу. Так, организмы, клетки и молекулы имеют физическую природу и в совокупности представляются как физический уровень организации (или структуры) описываемой реальности. Наряду с физическим, есть химический, генетический и иные уровни структуры.

Предполагается, что некий фрагмент мироустройства ограничен формами социальной практики, отделен за счет специализации. Этот фрагмент может быть представлен как структурированное целое в виде веерной матрицы. Наполнение этой матрицы определяется тем, какие уровни организации в ней есть и, соответственно, какие специалисты участвуют в структурировании фрагмента. То есть, в логике веерных матриц используются два базовых понятия: уровень организации (строки таблицы) и соответствующий (одноименный) специалист (столбцы). Уровней всегда несколько, и отношения специалистов к не одноименным уровням организации формируют производное понятие – уровень исследования (столбцы таблиц), в котором объединены феномены, имеющие природу (размерность) иных уровней организации, но, тем не менее, входящие в сферу профессиональных интересов специалистов. Так, интерес специалистов по физической химии к генам привел к расширению генетической онтологии за счет понятий молекул наследственности и генетического кода. Уровни организации и уровни исследования онтологически различны и имеют – в веерно-матричной логике – общим только один элемент – одноименную им область знания.

Способы фрагментации мироустройства не ограничены внешним образом. Более того, в социальной практике постоянно возникают новые способы фрагментации и, соответственно, новые категории специалистов и новые сущности, как это показано в работе [Кордонский, Бардин].

В такой логике реализуются следующие принципы: все объекты (признаки, свойства), используемые в задачах поиска информации, существуют не сами по себе, но только в определенных отношениях, фиксированных веерной матрицей. Не существует безотносительных (абсолютных) свойств. Отношения, в которых задается существование признаков (свойств), определяются в системе координат «уровни организации – специалисты». Каждый признак (свойство) имеет размерность, то есть принадлежит к некоему уровню организации. Существуют специалисты, соотнесенные (одноименные) с данным уровнем организации. Однако, признаки (свойства), составляющие содержание данного уровня организации, выделяются не этими специалистами, а другими – при фиксации их профессионального интереса к этому уровню организации.

Каждое объективированное отношение между уровнями организации и специалистами несет в себе след принадлежности к фрагменту, который в конкретном случае выступает как целое. Это проявляется в том, что понятие, принадлежащее к некоему уровню организации, фиксируется (то есть его существование «вводится») специалистом по другому уровню. Все понятия, включенные во фрагмент, амбивалентны, двойственны. Они имеют природу (размерность) одного уровня организации, но выделяются как «свой» объект специалистами по иному уровню организации этой же матрицы. В работе [Кордонский] показано, что, например, понятие гена имеет химическую природу (уровень организации), но выделяется (его существование постулируется, он открывается) специалистом-генетиком. А понятие молекул имеет физическую природу (они принадлежат физическому уровню организации), но их существование вводится специалистами – химиками[1].

К сожалению, не удалось найти математический аппарат, который бы описывал излагаемую логику.

---

1   Открытие (введение в социальную практику) такого амбивалентного объекта всегда сопровождается ожесточенной дискуссией между специалистами разных уровней относительно предметной принадлежности вновь выделенного феномена. Дискуссия обычно заканчивается формированием новой, комплексной области знания (во взятом случае – физической химии и молекулярной генетики) и появлением соответствующих специалистов (физ-химиков и молекулярных генетиков).

Веерные матрицы в процедурах классификации[2]

Рассмотрим логику организации веерной матрицы на примере класси-фикационных процедур.

Нечто объявляется или считается существующим, и только после этого можно рассуждать об элементах сущего – признаках, связях между ними – и формулировать задачи классификации. Но при каких условиях существует это изначальное нечто?[3] Иванов И.П. (человек, имеющий соб-ственное имя), конечно, существует безотносительно, в отличие от своих признаков, которые выделяются в зависимости от обстоятельств. У этого Иванова есть, например, физическое тело, как и физиологическое. В нашей культуре вопрос о том, в каком смысле существуют физические и физиоло-гические тела обычно не возникает. Но и сомневаться в том, что у Иванова есть масса или в том, что существуют полные (толстые) и худые люди как-то не принято. Однако, существуют ли физические тела и полные люди в том же самом смысле, в котором существует Иванов Иван Петрович, или в каком-то другом? Как связаны между собой разные признаки Иванова И.П., у которого кроме массы и физиологического тела есть еще и организм, клет-ки, молекулы, эмоции, мышление и многие другие признаки – свойства?

Можно предположить, что существование Иванова И.П. и его много-численных аналитических и классификационных представлений (свойств,

---

2   Таблица 2, отношение между информационно-философским уровнем организации и лингвистами-информационщиками. Отношение между информационно-лингвистическим уровнем организации и специалистами по веерным матрицам.

3   Веерные матрицы были введены как инструмент описания начальных условий. Вопросы «что существует?», «как существующее функционирует? и «почему так происходит?» - стандартны. Однако ответы на них нетривиальны. Дело в том, что точные и однозначные ответы возможны только при некоторых, априори заданных начальных условиях. Задание начальных условий представляет собой содержательную и весьма нетривиальную пробле-му. В начальные условия входят, в первую очередь, представления о существовании.

признаков) есть совершенно различные существования. Однако, наличные поисковые технологии не дают возможности их разделить. Веерные матрицы и являются аппаратом, который позволяет различать разные модусы существований и упорядочивать их[4].

В отличие от лингвистики, предметом которой являются слова одного или нескольких языков в их отношениях друг с другом, в веерно-матричной логике рассматриваются предметные понятия, в какой-то степени инвариантные по отношению к языкам. То есть, веерная матрица отражает онтологическую структуру в одной предметной области и на одном онтологическом уровне пространства этой предметной области. Отношения в них отражают связи между понятиями, конституирующими предметные области, в отличие от лингвистики, где фиксируются связи между словами, то есть семантические пространства. Веерные матрицы структурируют онтологические поля, задавая структуры предметных областей знания, или картин мира.

Классификационная процедура имеет в качестве начального условия существование особи (экземпляра), имеющей или могущей иметь некое собственно имя, например уже упомянутого Иванова И.П. Этот Иванов имеет некие признаки – свойства, такие как пол, возраст, вес, рост. У него есть организм, клеточные структуры, и многие другие объективированные свойства. Эти свойства могут служить основанием для отнесения Иванова И.П. к некоторым группам – таксонам: толстым или худым – по признакам физиологического тела, к таксону мужчины – по полу, к таксону людей среднего возраста, к таксону гипертоников или диабетиков.

Для веерно-матричного представления этой предметной картины введем понятия уровней организации:

- уровня экземпляров (особей),

- уровня признаков,

- уровня таксонов.

---

4 Веерными матрицами этот формализм был назван С. Чебановым потому, что любой, выделенный по определенным правилам их фрагмент раскрывается при некоторых условиях в формальное подобие первоначальной структуры.

Соответственно уровням организации введем представления о существовании уровневых специалистов:

- специалистов по экземплярам (особям),

- специалистов по признакам,

- специалистов по таксонам.

Теперь построим таблицу, строки которой соответствуют уровням организации, в столбцы — соответствующим специалистам.

Таблица 3. Форма веерной матрицы для задач классификации

Специалисты / Уровни организации	Специалисты по экземплярам	Специалисты по признакам	Специалисты по таксонам
Уровень экземпляров			
Уровень признаков			
Уровень таксонов			

Рассмотрим теперь отношения между уровнями и специалистами в этой таблице.

Отношения между одноименными уровнями организации и специалистами отождествляются с соответствующими областями знания. Так, отношение между уровнем экземпляров и специалистов по экземплярам отождествлено с именами экземпляров. Существует обыденная практика нарекания именем, существуют и разные теории наименований, например в биологической систематике [Джеффри].

Отношение между специалистом по признакам и уровнем организации «признаки» интерпретируется как теория (или иная форма знания) признаков. Один и тот же феномен, имеющий собственное имя, может иметь неограниченное количество признаков. Тот же Иванов И. П. может иметь признаки внешнего вида, темперамента, мышления, эмоционального состояния, а также бесчисленные химические, генетические, физиологические маркеры. Некоторые из признаков могут исследоваться специальными областями аналитического знания (например, эмоциональность в психологии, а наследственные свойства-признаки – в генетике). В этом случае признаки упорядочиваются в специальном – научном – виде. В других случаях, например, в случае признаков одежды и внешнего вида, признаки могут носить случайный, по видимости, характер, хотя при исследовательском интересе даже случайные признаки могут быть упорядочены в особой – обыденной – области знания.

Отношения между специалистами по таксонам и уровнем «таксоны» интерпретируются как теория таксонов, таксономии. В научных таксономиях упорядочивается существование групп экземпляров, имеющих сходные признаки. Результатом таксономий является то, что наряду с существованием экземпляров, имеющим собственные имена, появляется реальность таксонов, то есть групп признаков сходства.

Таксоны могут иметь как научный, так и обыденный характер. Научные таксоны представлены в химической и биологической систематике (систематика Линнея [Бэр], таблица Менделеева [Ельяшевич], фенотипическая систематика бактерий Заварзина [Заварзин], система вирусов Агола [Агол], теория химических связей [Крестов, Березин], кристаллографическая систематика Федорова-Шенфлиса [Федоров]). Обыденные таксоны образуются по обыденным же признакам сходства. Так, людей можно делить на таксоны толстых и тонких, высоких и низкорослых, брюнетов и блондинов, курящих и не курящих, симпатичных и не очень, и так далее.

Можно констатировать, что диагональная часть веерной матрицы образована областями знания, консолидирующими знание об экземплярах (их имена), знание о признаках и знание о таксонах. То есть, классификация областей знания для рассматриваемого фрагмента реальности возникает естественным образом – как диагональные элементы таблицы.

Рассмотрим теперь отношения между разноименными уровнями организации и специалистами, фиксированные под-диагональной частью таблицы.

Общим для данных отношений является то, что специалист по одному уровню обращает свой интерес к другому, не одноименному, уровню и фиксирует существование феномена, имеющего размерность (природу) этого уровня организации, но значимого именно для него. В существовании таких феноменов и проявляется связность между уровнями, то что они являются уровнями некоего фрагмента целого, заданного отношениями между уровнями организации и специалистами.

Специалисты по именам, обращая свой интерес на уровень признаков, выделяют «признаки экземпляров, имеющих собственные имена». Так, ими фиксируется, что люди (экземпляры, имеющие собственные имена) имеют признаки толщины-полноты, роста, амбициозности, ума, зависимости от никотина или иной, цвета лица и т.п.

При заполнении этого отношения таблицы необходимо из множества возможных признаков найти такие, которые есть у экземпляров, имеющих собственные имена. Уровень организации «признаки» при этом задает своего рода подлежащее, в то время как специалист по экземплярам формирует грамматическое дополнение к подлежащему: признаки, предположим, Иванова И.П.

Таблица 4. Наполнение веерной матрицы применительно к задачам классификации

Специалисты / Уровни организации	Специалисты по экземплярам	Специалисты по признакам	Специалисты по таксонам
Уровень экземпляров	**Имена экземпляров**	Экземпляры с признаками	Экземпляры, отнесенные к таксонам (определенные)
Уровень признаков	Признаки экземпляра	**Теория признаков**	Признаки таксона (диагностические)
Уровень таксонов	Таксоны, к которому отнесены экземпляры	Группы признаков (таксоны)	**Теория таксонов**

Специалисты по экземплярам, обращая свой интерес на уровень таксонов, фиксируют принадлежность экземпляра к определенному таксону, сообразно выделенным признакам: толстым или тонким, высоким или низкорослым, амбициозным и не очень, курящим или пьющим, страдающим сосудистыми заболеваниями и т.п. То есть, уровень таксонов задает подлежащее: таксон («полные», например) а специалист по экземплярам фиксирует дополнение и, тем самым, конкретизирует таксон «полные люди».

Специалисты по признакам, обращая свой интерес к уровню таксонов, фиксируют группы признаков, связанные тем или иным образом между собой. Это связанные признаки, сами выступающие в роли таксонов особого рода. Так, могут быть связаны (сопряжены между собой) признаки полноты и роста, амбициозности и ума-глупости, зависимости от никотина и сосудистых заболеваний. То есть, уровень организации «таксоны» задает подлежащее (таксон), а специалисты по признакам, работая на уровне таксонов, фиксируют дополнение: «группы связанных признаков».

Заполненная под-диагональная часть матрицы (иерархированной по уровням организации) фиксирует общее классификационное поле: совокупность классифицируемых экземпляров, имеющих собственные имена, совокупность признаков сходства экземпляров и совокупность групп связанных признаков сходства.

Над-диагональная часть матрицы, в отличие от под-диагональной, фиксирует общее диагностическое поле, то есть формы и способы отнесения определенного экземпляра к фиксированному таксону посредством выделения признаков различия.

Так, специалисты по признакам, фиксируясь на уровне экземпляров, выделяют конкретный экземпляр как обладателя определенных признаков (Иванов И.П. весит 200 кг), то есть это экземпляр Иванов (подлежащее), имеющий признак веса (дополнение). Совокупность значимых признаков при этом задается соответствующей теорией, то есть диагональным элементом таблицы.

Специалисты по таксонам, фиксируясь на уровне экземпляров, выделяют конкретный экземпляр, того же Иванова И.П., как принадлежащего к таксону «полные люди». В данном случае уровень экземпляров задает подлежащее (Иванов И.П.), а специалисты по таксонам диагностируют его как «толстого человека». Совокупность таксонов при этом задается соответствующей теорией таксонов, то есть диагональным элементом таблицы.

Специалисты по таксонам, фиксируясь на уровне признаков, фиксируют диагностические признаки таксонов. По уровню организации это признаки, а по исследовательскому интересу – специалисты по таксонам. Такого рода признаки позволяют определить (диагностировать) таксон по отдельно взятым признакам. Например, если признак веса имеет величину выше определенного уровня (возьмем 100 кг), то – предположительно – все обладатели этого признака относятся к таксону «полные люди». Однако, такое предположение имеет ограниченную область применения, так как есть высокие люди, для которых признак веса сам по себе не адекватен: при росте два метра признак полноты имеет другое значение. Теория, описывающая отношения между признаками, задается, как уже подчеркивалось, диагональным элементом таблицы, то есть отношением между уровнем организации «таксоны» и специалистами по таксонам. Совокупность этих теорий составляет содержание наук о классификации.

Теперь вернемся к задачам поиска в рамках заданной выше онтологии. Задачи могут ставиться как:

• поиск Ивановых, который осуществляется как формулирование запроса в поисковой системе, причем запрос формулируется как поиск тех Ивановых, которые имеют определенные признаки веса и, следовательно, принадлежат фиксированному таксону (столбец «специалисты по экземплярам»);

• поиск по признакам, например признаку веса, который осуществляется формулированием запроса в терминах столбца «специалисты по признакам»;

• поиск по таксонам, например, толстых или тонких, который осуществляется формулированием запроса в терминах столбца «специалисты по таксонам».

Классификация биологических наук

Рассмотрим в качестве примера задачу классификации биологических наук. Источником эмпирического материала выступает «Википедия», рассматриваемая скорее как компендиум общепринятых заблуждений, в которых, тем не менее, есть нечто рациональное.

В «Википедии» дано следующее определение биологически наук:

«Большинство биологических наук является *дисциплинами* с более узкой специализацией. Традиционно они группируются по типам исследуемых организмов: ботаника изучает растения; зоология – животных; микробиология – одноклеточные микроорганизмы. Области внутри биологии далее делятся либо по масштабам исследования, либо по применяемым методам: биохимия изучает химические основы жизни; молекулярная биология – сложные взаимодействия между биологическими молекулами; клеточная биология и цитология – основные строительные блоки многоклеточных организмов, клетки; гистология и анатомия – строение тканей и организма из отдельных органов и тканей; физиология – физические и химические функции органов и тканей; этология – поведение живых существ; экология – взаимозависимость различных организмов и их среды.

Передачу наследственной информации изучает генетика. Развитие организма в онтогенезе изучается биологией развития. Зарождение и историческое развитие живой природы – палеобиология и эволюционная биология.

На границах со смежными науками возникают: биомедицина, биофизика (изучение живых объектов физическими методами), биометрия и т. д. В связи с практическими потребностями человека возникают такие направления как космическая биология, социобиология, физиология труда, бионика».

Многообразие биологических наук представлено алфавитным списком (статья «Биология» в Википедии):

Акарология – Анатомия – Альгология – Антропология – Бактериология – Биогеография – Биогеоценология – Биотехнология – Биоинформатика – Биология океана – Биология развития – Биометрия – Бионика – Биосемиотика – Биоспелеология – Биофизика – Биохимия – Ботаника – Биомеханика – Биоценология – Биоэнергетика – Бриология – Вирусология – Генетика – Геоботаника – Герпетология – Гидробиология – Гистология – Дендрология – Зоология – Зоопсихология – Иммунология – Ихтиология – Колеоптерология – Космическая биология – Ксенобиология – Лепидоптерология – Лихенология – Микология – Микробиология – Мирмекология – Молекулярная биология – Морфология – Нейробиология– Палеонтология – Палинология – Паразитология – Радиобиология – Систематика – Системная биология – Синтетическая биология – Спонгиология – Таксономия – Теоретическая биология – Териология – Токсикология – Фенология – Физиология – Физиология ВНД – Физиология животных и человека – Физиология растений – Фитопатология – Цитология – Эволюционное учение – Эмбриология – Эндокринология – Энтомология – Этология.

Если взять за основу классификации этот список как описание эмпирического многообразия дисциплин, то науки, представленные в нем, могут быть разведены на следующие группы на основании их объектов[5]:

---

5 http://bse.sci-lib.com/article118100.html

Описывающие и классифицирующие биологические науки

• Альгология (водоросли)	• Микробиология (бактерии)
• Антропология (люди)	• Мирмекология (муравьи)
• Ботаника (растения)	• Лихенология (лишайники)
• Вирусология (вирусы)	• Спонгиология (губки)
• Герпетология (пресмыкающиеся)	• Териология (звери)
• Зоология (животные)	• Акарология (клещи)
• Ихтиология (рыбы)	• Энтомология (насекомые)
• Колеоптерология (жесткокрылые жуки)	• Палеонтология (ископаемые растения и животные)
• Лепидоптерология (чешуекрылые насекомые)	• Бактериология (бактерии)
• Микология (грибы)	• Бриология (мхи)

Аналитические биологические науки

(имеющие дело с признаками описанных объектов)

• Анатомия	• Физиология
• Биометрия	• Физиология животных и человека
• Биохимия	• Физиология растений
• Биофизика	• Цитология
• Биомеханика	• Эндокринология
• Биоэнергетика	• Этология
• Генетика	• Нейробиология
• Гистология	• Палинология
• Молекулярная биология	• Биоинформатика
• Морфология	

Экологические науки

(имеющие своим предметом отношения, как между описанными формами жизни,

так и между ними и неживыми объектами)

• Биогеография	• Гидробиология
• Биогеоценология	• Космическая биология
• Эмбриология	• Ксенобиология
• Иммунология	• Фенология
• Биология океана	• Паразитология
• Геоботаника	

Прикладные биологические науки

• Токсикология	• Бионика
• Радиобиология	• Биотехнология

Методологические и философские науки

• Системная биология	• Теории эволюции
• Синтетическая биология	• Систематика
• Теоретическая биология	• Таксономия
• Биосемиотика	

Очевидно, что представленные списки неоднородны, так как, например, физиологии растений и животных явно «вложены» в объемлющую дисциплину «физиология», также как териология вложена в «зоологию», а лихенология – в «ботанику». Такого рода неоднозначности общераспространены и объясняются в методологических и философских областях знания (таких как синтетическая биология и теория эволюции) сложностью устройства биологических реалий.

Задачи классификации областей биологического знания, таким образом, могут быть представлены как:

• классификация отношений между описывающими, аналитическими и экологическими областями знания и их предметами;

- классификация описывающих наук и их предметов;

- классификация аналитических наук и их предметов;

- классификация экологических наук и их предметов.

Задачи классификации методологически-философских наук вряд ли могут быть сформулированы в этой логике, так как сами эти науки являются, вероятнее всего, реакцией на неопределенность и неоднозначность биологической онтологии.

Классификация описывающих биологических наук

Классификация описывающих наук традиционно строится на основе понятий о царствах природы. Существует некоторое количество альтернативных и в разной степени детализированных представлений о царствах природы как таксонах высшего ранга[6].

Будем исходить из того, что существуют следующие царства: люди, высшие животные, простейшие, растения, бактерии. Такое разбиение на царства далеко не единственно возможное, однако нам оно представляется предпочтительным. Ему соответствуют науки о царствах антропология, зоология, ботаника, протистология, микробиология.

В рамках методологии веерных матриц классификации наук возникают как следствие упорядочения объектов этих наук.

Таблица 5. Классификация описывающих наук

Специалисты / Уровни организации	Антропо-логи	Зоологи	Протисто-логи	Ботаники	Микробио-логи
Уровень людей	**Антропология**				
Уровень высших животных		**Зоология**			
Уровень простейших			**Проти-стология**		
Уровень растений				**Ботаника**	
Уровень бактерий					**Микробио-логия**

6 http://ru.wikipedia.org/wiki/Таксономия_живой_природы
http://ru.wikipedia.org/wiki/Биологическая_систематика

Матрица читается (и строится) следующим образом: высшие таксоны – царства природы – считаются иерархированными так, что люди «выше» высших животных (в том смысле, что у животных отсутствуют специфические для людей признаки), а животные считаются «выше» растений по той же самой причине. Названия высших таксонов считаются уровнями организации веерной матрицы. Предполагается, что каждому уровню организации матрицы (таксону ранга царства природы) соответствует специалист: людей изучают антропологи, а микробиоту – микробиологи. Отношения специалистов к одноименным уровням организации интерпретируется как соответствующая область описывающего знания, наука.

Классификация наук (диагональные элементы таблицы: антропология, зоология, протистология, ботаника, микробиология) в данном случае возникает как следствие упорядоченности (иерархичности) уровней организации матриц, то есть иерархичности царств природы: люди, высшие животные, простейшие, растения, микроорганизмы. Отношения между разноименными уровнями организации и специалистами интерпретируются как разного рода симбиозы между царствами природы. Они в данном случае не рассматриваются. При другом представлении царств природы возникнет, естественно, иная классификация наук.

Каждое царство в биологической систематике распадается на субординированные таксоны: подцарства, типы, классы, семейства – вплоть до вида и разновидностей разного рода. Некоторые из таких таксонов изучаются специальными областями описывающего знания. Так, Простейшие представлены типами Жгутиковые, Саркодовые, Ресничные инфузории, Споровики, ни одному из которых не соответствует выделенная область биологического знания. В тоже время, царство Животных представлено типами Мезозой, Губки, Кишечнополостные, Плоские черви, Немертины, Нематгельминты, Кольчатые черви, Членистоногие, Щупальцевые, Моллюски, Иглокожие, часть из которых изучается выделенными науками. Так, если руководствоваться списком наук, приведенным выше, то в нем наряду с науками о царствах (антропологией, зоологией, ботаникой, микробиологией) представлены науки о таксонах ранга типа, класса и даже семейства. При этом науки о типах будут вложены в науки о царствах примерно так, как спондиология – наука о губках – вложена в зоологию.

Для того, чтобы сформировать классификацию наук о систематических типах животных, например, необходимо допустить, что каждому типу (кишечнополостных, членистоногих, и пр.) соответствует своя область описывающего биологического знания. Отсутствие их в вышеприведенном списке не позволяет классификацию завершить и создает условия, при которых остается только упорядочивать их в алфавитном порядке без учета предметной иерархии.

Классификация аналитических биологических наук

Другую задачу представляет собой классификация аналитических наук, подробно рассмотренная в работе [Кордонский].

Согласно Википедии «В биологии выделяют следующие уровни организации: Клеточный, субклеточный и молекулярный уровень: клетки содержат внутриклеточные структуры, которые строятся из молекул.

Организменный и органно-тканевой уровень: у многоклеточных организмов клетки составляют ткани и органы. Органы же в свою очередь взаимодействуют в рамках целого организма».

В то же время, аналитические науки в той же википедии приведены уже названным списком: Анатомия, Биометрия, Биохимия, Биофизика, Биомеханика, Биоэнергетика, Генетика, Гистология, Молекулярная биология, Морфология, Физиология, Физиология животных и человека, Физиология растений, Цитология, Эндокринология, Этология, Нейробиология, Палинология, Биоинформатика.

Аналитические науки имеют дело с признаками таксонов ранга царств природы и производными от них. И очевидно, должны быть упорядочены (классифицированы) в зависимости от таксономической классификации. Тем не менее, в список на равных правах (не иерархировано) включены, например, физиология, с одной стороны, и физиология растений и физиология человека и животных, с другой.

Существенным признаком, отличающим формы жизни от неживой природы (таксонов пространства, времени, астрономических объектов и минералов), является клеточность. Признак «клеточность» выполняет классификационные функции, но, в то же время, объективируется в понятие «клетка», являющийся объектом аналитической науки цитологии. Такими же признаками являются «организменность» и «молекулярность».

Для построения веерной матрицы, позволяющей классифицировать аналитические области знания, необходимо найти основание для введения иерархированных уровней организации. Такое основание дает, например, последовательность понятий «организмы, клетки, молекулы». Если предположить (подробно показывается в работе [Кордонский]), что последовательность понятий отражает упорядоченность уровней организации, то это дает возможность выстроить, кроме прочего, фрагмент классификации аналитических наук (Таблица 6).

Таблица 6. Фрагмент классификации аналитических биологических наук и их объектов

Специалисты ⟋ Уровни организации	Физиологи	Генетики	Химики	Физики
Физиологический уровень	**Физиология**			
Генетический уровень		**Генетика**		
Химический уровень			**Химия**	
Физический уровень	Организмы	Клетки	Молекулы	**Физика**

Веерная матрица в данном случае строится следующим образом: из последовательности «организмы, клетки, молекулы» эксплицируется последовательность уровней организации на том основании, что все ее понятия имеют «физическую природу», то есть относятся к физическому уровню организации. Однако, каждое понятие выделяется как объект исследования отнюдь не физиками. Понятие организм было введено в науку как физический носитель физиологических свойств, клетки – как физический носитель наследуемых свойств, а молекулы – как физический носитель химических свойств. То есть, наряду с физическим уровнем организации должны существовать физиологический, генетический, химический уровни организации – сообразно порядку понятий в исходной последовательности.

В таблице 7 показано, как из взятой последовательности понятий реконструируется последовательность уровней организации и, соответственно, классификация областей аналитического знания вместе с их объектами. Для этого предположим, что существуют феномены, имеющие химическую природу (принадлежащие химическому уровню организации), но выделяемые физиологами и генетиками, соответственно. Это «конструктивные вещества» (белки, жиры и углеводы, и т.п.), то есть химические носители физиологических свойств. И «гены» – химические носители генетических (наследуемых) свойств. Отношение между генетическим уровнем организации и специалистами-физиологами интерпретируется как понятие генетотрофии, то есть генетического носителя физиологических свойств.

Таблица 7. Заполненный фрагмент классификации аналитических областей знания вместе с их объектами

Специалисты / Уровни организации	Физиологи	Генетики	Химики	Физики
Физиологический уровень	**Физиология**			
Генетический уровень	Генетотрофия	**Генетика**		
Химический уровень	Конструктивные вещества	Гены	**Химия**	
Физический уровень	Организмы	Клетки	Молекулы	**Физика**

На веерной матрице (Таблица 8) показана классификация аналитических областей знания, в полной мере сопоставимая с классификацией описывающих наук. В ходе построения такой матрицы возникает естественная (для данной системы классификации) упорядоченность аналитических наук: социология, социальная психология, психология, физиология, генетика, химия, физика, динамика, статика. Логика построения таблицы описана в цитированной работе «Циклы деятельности и идеальные объекты».

Таблица 8. Полная (относительно исходных различений) классификация

аналитических областей знания

Специалисты / Уровни организации	Социологи	Социальные психологи	Психологи	Физиологи	Генетики	Химики	Физики	Специалисты по динамике	Специалисты по статике
Социальный	**Социология**								
Социально-психологический	Идеи	**Социальная психология**							
Психологический	Язык	Мышление	**Психология**						
Физиологический	Потребности	Память	Эмоции	**Физиология**					
Генетический	Институты	Личность	Инстинкты	Генетотрофия	**Генетика**				
Химический	Вещества	Сенсорный вход	Медиаторы	Конструктивные вещества	Гены	**Химия**			
Физический	Вещи	Сенсорный вход	?	Организмы	Клетки	Молекулы	**Физика**		
Динамический	Поведение	Взаимодействие	Активность	Гомеостаз	Размножение	Теплота	Движение	**Динамика**	
Статический	Социальные группы	Межличностный статус	Внешний вид	Физиологическое тело	Индивид	Химические элементы	Физические тела	Меры	**Статика**

Таким образом, классификация областей аналитического знания возникает как следствие построения веерной матрицы, упорядочивающей их объекты.

Веерная матрица дает возможность в какой-то степени алгоритмизировать введение онтологий.

Для иллюстрации рассмотрим пример производной матрицы, возникающей при использовании того их свойства, которое и позволяет называть их веерными. Использование этого свойства позволяет получить классификации аналитических областей знания, производных от тех, которые упорядочены таблицей 8.

Возьмем фрагмент таблицы 8, ограниченный по строке химическим и динамическим уровнем организации, а по столбцу химиками и специалистами по динамике.

Таблица 9. Фрагмент таблицы 8, ограниченный химическими уровнями организации и исследования

Специалисты / Уровни организации	Химики	Физики	Специалисты по динамике
Химический	**Химия**		
Физический	Молекулы	**Физика**	
Динамический	Теплота	Движение	**Динамика**

В таблице представлены понятия молекулы, теплота и движение. Предположим, что при соответствующем исследовательском интересе эти понятия могут быть представлены как уровни организации производной веерной матрицы: молекулярный, термодинамический, кинематический (табл. 10).

Соответственно этим уровням вводятся одноименные им специалисты: специалисты по физической химии, специалисты по термодинамике и кинематике. Отношения между одноименными уровнями организации и специалистами дает последовательность аналитических наук физическую химию, термодинамику, кинематику, то есть классификацию областей аналитического знания, производную от той, которая задана таблицей 8.

Таблица 10. Структура матрицы, производной от последовательности понятий «молекулы, теплота, движение»

Специалисты / Уровни организаци	Физические химики	Специалисты по теплоте	Специалисты по движению
Молекулярный	**Физическая химия**		
Термодинамический		**Термодинамика**	
Кинематический			**Кинематика**

Теперь заполним эту таблицу, зафиксировав отношения между уровнями организации и специалистами.

Таблица 11. Порождение реальностей второго порядка при трансформации фрагмента таблицы 8.

Специалисты / Уровни организации	Физические химики	Специалисты по термодинамике	Специалисты по кинематике
Молекулярный	**Физическая химия**	Кванты	Движущиеся молекулы
Термодинамический	Молекулярная теплоемкость	**Термодинамика**	Излучение
Кинематический	Движение молекул	Теплообмен	**Кинематика**

На графе (рис. 12), эквивалентном таблице 11, показана логика отношений, порождающих аналитические объекты второго (по отношению к таблице 8) порядка и возникающие при этом последовательности (классификации) областей знания.

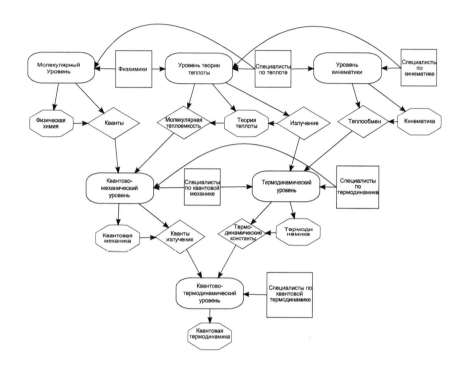

Рисунок 12. Граф отношений, эквивалентных таблице 11

Продемонстрируем на графе процесс заполнения веерной матрицы таблицы 11.

Специалисты, обращая свой интерес к одноименным уровням организации, фиксируют свои области знания: физическую химию, теорию теплоты и кинематику. Специалисты по физической химии (молекулам), обращая свой интерес к уровню теплоты, фиксируют существование молекулярной теплоемкости – понятия, имеющего «тепловую» природу, но значимое именно для них.

Специалисты по теплоте, обращая свой исследовательский интерес к молекулярному уровню организации, фиксируют существование квантов, то есть дробности (молекулярности) теплоты.

Специалисты по кинематике, обращая свой исследовательский интерес к уровню теплоты, фиксируют существование феномена излучения, то есть движущегося тепла.

Специалисты по теплоте, обращая свой исследовательский интерес к кинематическому уровню, фиксируют существование теплообмена, то есть движения тепла.

Отношения между специалистами по физической химии и кинематическим уровнем, как и отношения между специалистами по кинематике и молекулярным уровнем (представленные в исходной таблице) в данном графе не отображаются ввиду технической сложности этой процедуры.

В то же время, граф позволяет показать часть структуры, производной уже от таблицы 8.

В частности, понятия «кванты» и «молекулярная теплоемкость» объединяются в представлениях о существовании квантово-механического уровня организации и соответствующих специалистов по квантовой механике. Их отношения приводят к формированию квантовой механики.

Понятия «излучение» и «теплообмен» объединяются в представлениях о существовании термодинамического уровня организации и соответствующих специалистов. Их отношения приводят к формированию термодинамики.

Логика веерной матрицы в применении к данному фрагменту завершается выделением понятий «кванты излучения» и «термодинамические константы» и формированием соответствующей науки – квантовой термодинамики.

Любой, взятый по определенным правилам фрагмент таблицы 8 (как и иных таблиц), позволяет выстраивать онтологии частных областей аналитического знания.

Побочным следствием построения веерных матриц такого рода становится классификация комплексных (пограничных, etc) областей аналитического знания. Из таблиц и графа видно, например, в каких отношениях из физики и химии формируется физическая химия, а из химии и генетики – молекулярная генетика и в каких отношениях эти области знания находятся с «материнскими» науками.

Применение такого представления биологических онтологий для задач классификации будет продемонстрировано ниже.

Классификация экологических наук

Экологические области знания, извлеченные из общего википедийного перечисления наук, представлены следующим списком:

• Биогеография	• Гидробиология
• Биогеоценология	• Космическая биология
• Эмбриология	• Ксенобиология
• Иммунология	• Фенология
• Биология океана	• Паразитология
• Геоботаника	

Практические представления о структуре мира исходят из существования некоего набора «сфер» – материальных воплощений видимого разнообразия. В частности, несомненно существование атмосферы (воздуха, климата, погоды), земли (в смысле почвы), литосферы (земли в смысле недр), гидросферы (воды), биосферы (разного рода живности), техносферы (машин и механизмов) и ноосферы (людей). При этом, например, почвы могут быть предметом изучения биологов (специалистов по биосфере), геологов (специалистов по литосфере), технологов (специалистов по техносфере) и всех прочих.

По каждой из «сфер» есть специалисты (группы специалистов, так как биосфера, например, изучается не абстрактными биологами, а ботаниками, зоологами, микробиологами). Специалисты – в свою очередь – делятся на подгруппы сообразно классификациям изучаемой ими живности. Они рассматривают отношения между «своими» объектами, но не только. Так, специалисты по почвенной фауне изучают ценозы – почвы (в которых обитают интересные им объекты), рассматривая их как среду жизни. Эту среду образуют особи определенных видов, в том числе и тех, по которым они специалистами не являются. Океанологи изучают, в частности, и проблемы распространения звука в воде (акустика океанов), и локальные биоценозы геотермальных зон, и литоральные формы жизни (в слое, пограничном между водой, атмосферой и сушей).

Предположим, что отношения между «сферами» представимы в виде таблицы (веерной матрицы), строкам которой соответствуют имена «сфер», а столбцам – имена специалистов по ним («сферам»).

В таблице 13 показаны возможные отношения между специалистами и «сферами», реконструированные из посылки о том, что все без исключения специалисты анализируют все «сферы» так, что любой выделяемый ими феномен является межпредметным (межуровневым). Можно, если исходить из указанных выше посылок, определить экологию как знание об отношениях между «сферами» – уровнями структуры непосредственно данной реальности. При этом мы ограничиваемся названными выше царствами природы, с одной стороны, и водой, землей, почвой (биосферой), с другой.

Отношения между одноименными уровнями (строками) и столбцами таблицы 13 интерпретируются как названия соответствующих областей специального экологического знания. Отношения между разноименными строками и столбцами интерпретируются как собственно научный объект, принадлежащий одному уровню (сфере), но выделяемый специалистами по другому уровню (сфере).

Таблица 13 может быть наполнена парными (дуальными) отношениями между «сферами». Каждое отношение является предметом особой отрасли предметного экологического знания.

Таблица 13. Классификация экологических наук

Уровни структуры (сферы) \ Уровни управления	Метеорологи	Географы	Геологи	Почвоведы
Атмосфера	**Метеорология и другие науки об атмосфере**			
Поверхность земли		**География**		
Недра, литосфера			**Геология**	
Почва				**Почвоведение**
Гидросфера				
Биосфера				
Техносфера				
Ноосфера				

Гидрологи (океанологи, лимнологи)	Биологи	Технологи и инженеры	Антропологи	Уровни управления / Уровни структуры (сферы)
				Атмосфера
				Поверхность земли
				Недра, литосфера
				Почва
Гидрология (океанология, лимнология)				Гидросфера
	Биология			Биосфера
		Технология, инженерия		Техносфера
			Антрополо-гия	Ноосфера

Классификация областей экологического знания возникает естественным образом из упорядочения сфер и отношений между ними: метеорология, география, почвоведение, геология, гидрология, биология, технология, антропология.

Однако, такая форма упорядочения не содержит ни одной области знания, из включенных в список экологических наук. Для того, чтобы привязать экологические науки из списка, необходимо те реалии, которые объединены понятием «биология», конкретизировать хотя бы до уровня царств людей, животных, простейших, растений и микроорганизмов.

В таблице 14 показаны отношения между экологическими и биологическими реалиями, представленными в википедийных списках.

Таблица 14. Классификация экологических областей знания

Специализации / Сферы	Зоологи	Протистологи	Ботаники	Микробиологи
Атмосфера				
Поверхность земли	Биогеография, биоценология, геоботаника			
Литосфера				
Почва	Биоценология			
Гидросфера	Биология океана, гидробиология			
Биосфера				
Техносфера				
Антропосфера (ноосфера)				

Из таблицы следует, что либо в Википедии отобраны далеко не все области экологической науки, либо специализация этого знания еще далека от логической полноты. Поэтому задачи поиска вряд ли адекватно могут быть сформулированы в понятиях Википедии.

Классификация мировоззрений

Кроме описывающих и аналитических наук, классификации которых, как показано выше, сопряжены через понятия царств природы, существует и множество других областей знания, слабо связанных с традиционными для исследовательского процесса онтологиями и логиками исследований. Эти «науки второго рода» с их предметами (которые называются «реальностями») возникают, как показано в работе [Кордонский, Бардин], в ходе сугубо социальных процессов. Понятия «материальной реальности», идеальной реальности, биологической реальности и пр. представляют собой порождающие элементы картин мира, замещающие научные представления о царствах природы.

Классификации «наук второго рода» представлены в работе «О поиске информации...» и по логике построения соответствующих веерных матриц ничем не отличаются от собственно научных. Приведем пример (табл. 15) классификации «наук второго рода», основанной на представлениях о существованиях материальной, идеальной, биологической и некоторых иных реальностей.

Структура, представленная в таблице 15, не является ни единственной, ни исчерпывающей. Это не более чем пример структурирования области, которая, как кажется, не может быть структурирована иными, нежели веерная матрица методами.

Таблица 15. Классификация мировоззрений и соответствующих им философий

Специа-лизации / Уровни реальности	Философы от пространства	Философы от времени	Материалисты
Пространство	**Философия простран-ства,** *астрономия, разного рода географии, топология*	Пространства, меняю-щиеся во времени *меры, единицы измерения*	Материальные про-странства *размеры и форма материальных объектов, расстояния между материальными объектами.*
Время	Локальное время	**Философия времени** *хронология, хрономе-трия, естественная и социальная истории*	Материализованное время *возраст матери-альных объектов, часы как материализован-ное время, Разметка времени через изме-нение материальных объектов*
Материальная реальность	Распределенная в про-странстве материальная реальность *материки, атмосфера, океаны, острова, горы, пусты-ни, рельеф. Интерьер и экстерьер, вещи в широ-ком смысле*	Существующая во вре-мени материальная ре-альность *изменяющиеся со временем матери-альные реальности, рождающиеся матери-альные реальности*	**Материалистическая философия** *механика, физика, химия, мате-риаловедение и прочие*
Биологическая реальность	Распределенные в про-странстве биологические реальности *биосфера, биоценозы, простр. воплощение жизни, Экосистемы, биологиче-ское пространственное разнообразие*	Существующие во вре-мени биологические реальности *циклы жизни, сукцессии, пищевые цепи, метаморфизм, рост, развитие, размножение, умирание, палеонтологи-ческая история*	Материализованные био-логические реальности *Материальное воплоще-ние биологических объ-ектов, их формы — тела (стволы, туши и прочее), месторождения. Лес, по-чва, пустыня и прочее*
Социальная реальность	Распределенная в про-странстве социальная реальность *страны, поселения, социальные границы*	Существующая во времени социальная реальность *события и происшествия, изменяю-щаяся во времени соц. реальность*	Материализованная социальная реаль-ность *уровень жизни и потребление*
Идеально-ценностная реальность	Идеи и ценности про-странства *изобрази-тельное искусство, фотография, ценности пространства*	Идеи времен, дух вре-мени и ценности време-ни *ритм, музыка*	Материалистические идеи и ценности *Идеи материальной культуры в широком смысле, идеи вещей, материальные ценности. Понятия о нормах потребления. По-требительская мораль*

Философы от биологии	Социальные философы	Идеологи, философы-идеалисты	Специализации / Уровни реальности
Биологические пространства *размеры и форма биологических объектов. расстояния между биологическими объектам.*	Социальные пространства *размеры и форма объектов соц. реальности, расстояния между ними, пути сообщения*	Идеальные пространства *места поклонения, сакральные и ритуальные пространства*	Пространство
Биологическое время *возраст биологических объектов, биологические часы, биоритмы поколения, время жизни, возрасты жизни. Биологические — геологические эпохи как разметка времен*	Социальное время *возраст соц. объектов, линейное время - календарное, циклическое время — времена года, поколения, формации, события как разметка времени (до-после войны). Сутки, недели, годы.*	Идеальное (сакральное) время *Исторические и культурные даты, праздники, юбилеи и годовщины как разметка времени.*	Время
Биологическая материальная реальность *почвы, вода, воздух минеральное сырье — как результат биологических процессов, организмы, тела биологических объектов.*	Социальная материальная реальность *конструкции, здания и сооружения, дороги. Машины, Механизмы, инструменты и приспособления, инфраструктура (ее материальная основа)*	Идеальная материальная реальность *символические материальные реальности, государственные символы, драгоценности, памятники, идеологизированные вещества и вещи.*	Материальная реальность
Философия биологии *зоология, ботаника, микробиология, генетика, физиология, психология*	Социализованные биологические реальности *еда и питание, сон, пищевые и прочие зависимости, отправление естественных потребностей, медицина, здоровье и болезни.*	Идеализированные (сакрализованные) биологические реальности *полезные и вредные биологические реальности, охраняемые и исчезающие формы жизни.*	Биологическая реальность
Биологизированная социальная реальность *Семья, род, племя, этнос, жизненный цикл, смерть. Образование, воспитание, социализация.*	**Социальная философия** *социологии, антропология*	Идеализированная (сакрализованные) социальная реальность *конфессии, субкультуры, идеологизированные группы*	Социальная реальность
Биологические идеи и ценности *идеи биологических потребностей, идеологизированные запреты и ограничения на питание, идеи здоровья/ болезни, ценность жизни. Биологическая этика*	Социальные идеи и ценности *социальные нормы, социальная этика*	**Идеалистическая философия** *литературная и художественная критики, искусствознание*	Идеально-ценностная реальность

Эти реальности образуют уровни организации некоей структуры, представляющей онтологию соответствующего мировоззрения. На строки таблицы 15 вынесены наименования уровней организации, на столбцы – наименования одноименных философов (не ученых). Отношения между одноименными уровнями организации и философами образуют упорядоченную совокупность (классификацию) областей философского знания (диагональные элементы таблицы). В клетках диагонали, наряду с обозначением соответствующей уровневой философии, показаны области научного знания, в той или иной мере соотносимых с данной философией.

Отношения между разноименными уровнями организации и философами формируют онтологии тех философий, которые задаются уровнями организации.

Веерность описываемых матриц, то есть возможность формировать производные от первоначально определенных начальных условий, позволяет структурировать и онтологии «наук второго рода», картин мира.

Возьмем для примера фрагмент таблицы 15, ограниченный пространственным, временным и материальным уровнями организации и соответствующими исследователями.

Таблица 16. Фрагмент таблицы 15, ограниченный пространственным, временным и материальным уровнями организации.

Специализации философов / Уровни реальности	Философы от пространства	Философы от времени	Материалисты
Пространство	**Философия пространства,** *астрономия, разного рода географии, топология*	Пространства, меняющиеся во времени *меры, единицы измерения*	Материальные пространства *размеры и форма материальных объектов, расстояния между материальными объектами*
Время	Локальное время	**Философия времени** *хронология, хронометрия, естественная и социальная истории*	Материализованное время *возраст материальных объектов, часы как материализованное время, Разметка времени через изменение материальных объектов*
Материальная реальность	Распределенная в пространстве материальная реальность *материки, атмосфера, океаны, острова, горы, пустыни , рельеф, и прочее. интерьер и экстерьер, вещи в широком смысле*	Существующая во времени материальная реальность *изменяющиеся со временем материальные реальности, рождающиеся материальные реальности*	**Материалистическая философия** *механика, физика, химия, материаловедение и прочие*

Предположим теперь, что понятия «локальное время» и «пространства, меняющиеся во времени» (расположенные симметрично относительно диагонали) формируют новый «пространственно-временной» уровень организации.

Понятия «распределенная в пространстве материальная реальность» и «материальные пространства» формируют «материально-пространственный» уровень организации.

Понятия «существующая во времени материальная реальность» и «материализованное время» образуют «материально-временной» уровень организации.

Предположим также, что наряду с интеграцией понятий в уровни организации происходит и социальная дифференциация, и формируются соответствующие уровням специалисты: по пространственно-временной реальности, по материально-пространственной реальности и по материально-временной реальности.

Эти предположения позволяют построить производную от таблицы 16 веерную матрицу.

Таблица 17. Производная от таблицы 16 веерная матрица, детализирующая пространственно-временное-материалистическое мировоззрение

Специалисты / Уровни реальности	Специалисты по пространству-времени	Специалисты по материально-пространственной реальности	Специалисты по материально-временной реальности
Пространственно-временной	**Учение о пространстве-времени**		
Материально-пространственный		**Учение о материальных пространствах**	
Материально-временной			**Учение о материализованном времени**

Отношения между специалистами и уровнями организации формируют материально-пространственно-временное представление материалистической картины мира в амбивалентных образах.

Взятый по определенным правилам набор исходных различений дает возможность реконструировать образное пространство выделенной части философской картины мира. Кроме того, возникает возможность фиксировать онтологические «дыры» в картинах мира, то есть отношения между реальностями, у которых еще нет мировоззренческих референтов.

Задачи поиска мировоззренческой информации могут быть сформулированы примерно также, как это делалось выше применительно к биологическим наукам. Если, например, задать поиск в понятиях по столбцу «специалисты по времени», то получим – в зависимости от степени детализированности запроса – разноуровневые вариации картин мира, центрированные относительно понятия времени.

Если сформулировать запрос в понятиях по строке (по временному уровню организации), то получим совершенно другой набор образов, относящихся, скорее, не к осмыслению времени, а к временным аспектам жизни.

Сравнение картин мира по уровню детализации

Выше было показано как выстраиваются веерные матрицы и эквивалентные им графы (рис. 12), причем одна веерная матрица (табл. 8) соответствует первым двум уровням графа (рис. 12), в то время как веерные матрицы (табл. 9 и 10) соответствуют двум другим уровням этого же графа. Такая логика дает возможность ввести представление о глубине семантического пространства, то есть операционально сформулировать ответы на вопросы о том, к какому уровню различений относится то или иное понятие.

Так, содержание таблицы 9 отображает онтологию физики XIX века, в то время как таблица 10 – онтологию физики начала-середины XX века со специфичным для него разделением научных занятий и научных объектов. То есть, таблицы 10 и 11 производны от таблицы 8 и выводятся из нее при выявлении соответствующих предметных отношений «уровень организации – специалист по уровню организации».

Тем самым, вводится понятие глубины – детализации онтологии. Одна веерная матрица, таким образом, отражает один срез онтологии из множества возможных. Таблица 8 дает представление об инварианте понятийной структуры пространства аналитических областей знания. Все понятия, включенные в таблицу 8, принадлежат к одной онтологии. Эта матрица при соответствующих манипуляциях с ней, описанных выше, порождает ограниченный исходными начальными условиями (представлениями о существовании) набор сущностей второго и более порядков, составляющих предметные картины частных аналитических областей знания, производных от тех, которые образуют диагональные элементы этой таблицы.

Используя это свойство веерных матриц, можно проводить картирование онтологий, выделяя в них понятия одного уровня глубины. Так, понятия «молекулы» и «гены» в рассмотренном выше примере оказываются принадлежащими одному онтологическом уровню, в то время как понятия «молекулярной теплоемкости» и «молекул наследственности» – другому уровню, производному от первого.

Диагностика принадлежности текста к предметной области

Мы исходим из гипотезы о том, что соотнесенность текста с определенной областью знания можно определить по наличию в нем понятий, принадлежащих этой предметной области или смежным с ней. И обратное, присутствие в тексте слов, обозначающих понятия предметных областей знания, не смежных с той, относительно которой сформулирован поисковый запрос, может свидетельствовать о том, что текст не предметен, а скорее философичен.

Для иллюстрации возьмем классификацию аналитических наук, введенную выше.

Из таблицы 8 взято предметное пересечение трех столбцов: «генетики», «химики» и «физики», и трех строк «химический уровень», «генетический уровень» и «физический уровень». Понятия, включенные в таблицу, записаны как последовательность уровней организации. Предполагается, что каждому новому уровню организации соответствует свой специалист.

Таблица 18. Фрагмент онтологии, ограниченный генетическим, химическим и физическим уровнями организации и исследования.

Генетика		
Гены	**Химия**	
Клетки	Молекулы	**Физика**

Исходная последовательность «гены-клетки-молекулы» развернута в новую веерную матрицу (Табл. 19), отношения в которой объективированы и отождествлены с известными в предметной области понятиями.

Таблица 19. Производная от табл. 18 веерная матрица дает представление об онтологии генетики в том виде, который был характерен для 60-х годов XX века.

Специалисты / Уровни организации	Специалисты по химической генетике	Цитологи	Специалисты по молекулам (физхимики)
Генный	**Химическая генетика**	Клеточные гены	Генетический код
Клеточный	Генетические клетки – гонады	**Цитология**	Исследуемые физхимиками клетки
Молекулярный	Молекулы наследственности	Клеточные молекулы (химический состав клеток)	**Физическая химия**

Наличие в тексте слов, соответствующих понятиям, упорядоченным таблицей, позволяет диагностировать его как предметный текст, онтология которого соответствует состоянию генетических исследований полувековой давности. Это демонстрирует любой запрос в поисковых системах.

Рассмотрим сечение таблицы 8 по генетическому уровню организации.

Таблица 20. Генетический уровень организации

Генетический	Институты	Личность	Инстинкты	Генетотрофия	Генетика

В одной картине здесь объединены феномены генетической природы «институты», «личность», «инстинкт», «генетотрофия». Эта таблица разворачивается в производную веерную матрицу (Таблица 21).

Таблица 21. Понятия, образованные отношениями между феноменами таблицы 20.

Специалисты / Уровни организации	Специалисты по институтам	Специалисты по личности	Специалисты по инстинктам	Специалисты по генетотрофии
Институциональный (генетико-социальный)	**Теория институтов (социальная генетика)**	Личностные институты	Генетически детерминированные институты	Генетико-физиологические институты
Личностный (генетико-социально психологический)	Инститализированные типы личности	**Теория личности (генетическая социальная психология)**	Размножающиеся клетки	Типы личности, определяемые физиологической конституцией
Уровень инстинктов (генетико-психологический)	Институализированные инстинкты	Личностные инстинкты	**Теория инстинктов (генетическая психология)**	Инстинкты, определяемые физиологической конституцией
Уровень генетотрофии (генетико-физиологический)	Институализированные физиологические особенности – конституция	Личностные генетико-физиологические особенности – конституция	Инстинктивные генетико-физиологические особенности – конституция	**Учение о генетотрофии (генетической физиологии)**

Наличие в тексте предметных понятий, специфичных для разных уровней исследования (из столбцов), может быть основанием для диагностики текста как внепредметного, скорее философского, нежели специального, что демонстрирует поисковый запрос «институты-личность-инстинкт» в любую поисковую систему. Но это в том случае, если в тексте не обнаруживается последовательность понятий, упорядоченных столбцом «социологи» таблицы 8. Например, если наряду с институтами в запрос включается понятие «потребности», то существенно большая часть результатов поиска можно интерпретировать как специальные социологические работы.

Рассмотрим теперь последовательность понятий по столбцу «генетики». Исходная последовательность – «гены, клетки, размножение, индивиды».

*Таблица 22. **Последовательность понятий генетического уровня исследований***

Генетики
Клетки
Размножение
Индивиды

Эта последовательность разворачивается в веерную матрицу следующего вида.

*Таблица 23. **Предметное содержание отношений между понятиями***

генетического уровня исследования

Специалисты / Уровни организации	Специалисты по химической генетике	Цитологи	Специалисты по размножению	Специалисты по индивидам
Генный (химико-генетический)	**Химическая генетика**	Клеточные гены	Размножающиеся гены	Индивидуальные (отдельные) гены
Клеточный	Гонады, генетические клетки	**Цитология**	Размножающиеся клетки	Отдельные клетки
Уровень размножения	Размножение генов	Размножение клеток	**Учение о размножении**	Размножение индивидов
Уровень индивидов	Генетические индивиды	Клеточные индивиды	Размножающиеся индивиды	**Учение об индивидах**

Запрос, включающий эти понятия, дает выборку из специальных работ цитогенетической направленности.

Заключение

Реконструкция онтологий предметных областей, как показано выше, может быть осуществлена методом их веерно-матричного представления, в отличие от доминирующей «списочной» логики. Веерные матрицы позволяют разделять контексты без массированного использования статистических и лингвистических инструментов и, тем самым, дают возможность структурировать области поиска, задавая только те онтологии, информация о которых интересует ищущего. Этот подход реализован при конструировании поисковой системы «Гитика».

Функциональность веерных матриц заключается в следующем:

• Возможности «интуитивной» навигации.

• Возможности оценки гипотез о связи фрагментов текста с понятиями онтологии.

• Построение и оценка гипотез о возможности обобщения групп понятий.

Подводя итоги, можно сказать, что последовательность действий по построению веерных матриц такова:

• Необходимо определить уровни организации (структуры), которые необходимы для решения задачи классификации.

• По возможности, упорядочить уровни организации в их иерархии. Эта задача решается пошагово, обычно методом исключения логически несовместимых соседств между уровнями.

• Построить веерную матрицу, то есть таблицу, на строки которой вынесены наименования уровней организации.

• Сопоставить уровням организации соответствующих (одноименных) специалистов.

• Выстроить диагональные элементы таблицы, идентифицировав соответствующие области знания как отношения одноименных уровней организации и специалистов.

• Идентифицировать отношения между разноименными уровнями организации и специалистами, используя неявную «амбивалентность» понятий, то есть их принадлежность одному уровню организации, но значимость в рамках представлений другого уровня (например, молекулы – физический носитель химических свойств, то есть это феномены физического уровня организации, выделяемые химиками при исследовании этого уровня).

• После заполнения веерной матрицы, возможно ее разворачивание в новую, производную от первоначальной, структуру. Для этого последовательности понятий (элементов матрицы в рамках интересующей строки, столбца или их сочетания) трансформируются в уровни организации новой таблицы с последующей итерацией уже описанных отношений.

Таким образом, веерные матрицы являются методом классификации отрефлексированных онтологий. Применение единого правила к построению каждого следующего уровня позволяет порождать самоподобные таблицы, описывающие разные уровни иерархии. Термин «самоподобие» здесь используется в «навигационном смысле»: как результат последовательного применения одних и тех же правил построения.

Сами по себе веерные матрицы не являются онтологиями, как не являются и методами синтеза онтологий. Это не более чем довольно жесткий метод классификации, который заставляет исследователя излагать свою мысль в единых координатах, которые ему дозволено по определенным правилам выбрать, но не разрешается менять в процессе.

Список литературы

[Агол] Агол В.И. О системе вирусов // Успехи современной биологии. – Т.77. Выпуск 2. – 1974 – с.28-39.

[Борн] Борн, М. Символы и реальность. // Моя жизнь и взгляды. М.: Прогресс, 1973.

[Бэр] Бэр К. М. Об искусственной и естественной классификации животных и растений // Анналы биологии. – М.: Изд-во МОИП, 1959. – Т.1. – с.367-372.

[Верников] Верников Г. Стандарт онтологического исследования IDEF5. 1999. (http://citforum.ru/cfin/idef/idef5.shtml)

[Витгенштейн] Витгенштейн Л. Логико-философский трактат / Пер. с нем. Добронравова и Лахути Д.; Общ. ред. и предисл. Асмуса В. Ф. — М.: Наука, 1958 (2009).

[Гадамер] Гадамер, Ганс-Георг. Истина и метод: Основы философской герменевтики : Пер. с нем. / Х.-Г. Гадамер; Общ. ред. и вступ. ст. Б. Н. Бессонова. - М. : Прогресс, 1988. ; ISBN 5-01-001035-6

[Гартман] Гартман, Николай. «Старая и новая онтология» // Историко-философский ежегодник. 1988. М.: «Наука», 1988. С.320-324.

[Гумбольдт] Вильгельм фон Гумбольдт «Избранные труды по языкознанию». М., 1984. С. 37-297 «О различии строения человеческих языков и его влиянии на духовное развитие человечества. (1830-1835)».

[Джеффри] Джеффри, Чарлз. Биологическая номенклатура: Пер. с англ. — М.: Мир, 1980.

[Добров и др] Добров Б.В., Иванов В.В., Лукашевич Н.В., Соловьев В.Д. «Онтологии и тезаурусы: модели, инструменты, приложения» http://www.intuit.ru/

[Ельяшевич] Ельяшевич М.А. Периодический закон Д.И. Менделеева, спектры и строение атома: (к истории физической интерпретации периодической системы элементов). // Успехи физических наук. 1977, том 100, вып. 1 с. 5-43

[Заварзин] Заварзин Г.А. Фенотипическая систематика бактерий. Пространство логических возможностей. - М.: Наука, 1974 - с.46-100

[Кордонский] Кордонский С. Циклы деятельности и идеальные объекты. М., Пантори, 2001. ISBN 5921800004X.

[Кордонский, Бардин] Кордонский С., Бардин В. «О поиске информации в совокупности текстов, отображающих картины мира». Вашингтон, Русгенпроект, 2010 ISBN 9780984422708.

[Крестов, Березин] Крестов Г.А. Березин Б.Д. Основные понятия современной химии. Лениград: Химия, 1986.

[Мельчук] Мельчук И.А. Опыт теории лингвистических моделей «Смысл – Текст». – М.: Школа «Языки русской культуры», 1999.- с.58.

[Пальчунов] Пальчунов Д.Е. Решение задачи поиска информации на основе онтологий. «Бизнес -информатика» №1, 2008.

[Список лексики] Список нормализованной лексики по экономике и демографии. - М.: АН СССР, ИНИОН, 1989.- Ч. 1.

[Соссюр] Соссюр Ф. де. Заметки по общей лингвистике. М.: Прогресс, 1990; 2001.

[Уорф] Уорф Б. Л. Отношение норм поведения и мышления к языку. — В сб.: Новое в лингвистике, вып. 1, М., 1960.

[Федоров] Федоров Е.С. Симметрия и структура кристаллов (сборник статей 1886-1896 г.г.). М.-Л.: Издательство АН СССР, 1949.

[Bar-Hillel] Y. Bar-Hillel, Language and information (Reading, Mass.: Addison-Wesley, 1964), pp.174- 179.

[Хайдеггер] М.Хайдеггер. Онтотеологическое строение метафизики (о Гегеле). (http://elenakosilova.narod.ru/studia/otl.htm)

[Эйнштейн] Эйнштейн А. Физика и реальность.

[Dou] Dou, D. C. Using multiple ontologies in information extraction, Proceedings of the 18th ACM Conference on Information and Knowledge Management (CIKM 2009) (pp. pp. 235-244.).

[Kilgarriff] A. Kilgarriff. I don't believe in word senses.Comput. Human. 1997. v 31(2), pp. 91-113.

Симон Гдальевич Кордонский

Верные матрицы как инструмент построения онтологий

Редакторы *В.В. Бардин, Г.А.Скрябина*

Художественное оформление *Б.Б. Опастный*

South Eastern Publishers,
Division of South Eastern Projects Management Company Limited
Washington D.C. • London • Moscow • Hong Kong • New Delhi
PO Box 96503 #36982
Washington, DC 20090-6503 USA

For more information e-mail info@sepublishers.com
or visit our website www.SEPublishers.com

Подп. в печать 29.01.2011 г.
Формат 6х9. Усл. печ. л. 2.15.
Печать офсетная. Бумага офсетная.
Отпечатано в США.

www.ingramcontent.com/pod-product-compliance
Lightning Source LLC
LaVergne TN
LVHW052314060326
832902LV00021B/3876